Hans-Peter Oswald:

Warum Sie Koeln-Domains und Cologne-Domains für Ihre Köln-Webseiten verwenden sollten...

Inhaltsverzeichnis

Vorwort:

Mehr Netze fangen mehr Fische….

Sie hatten vielleicht einmal Gelegenheit im Urlaub
einen traditionellen Fischer zu beobachten. Er
wirft nicht nur ein Netz aus, sondern mehrere.
Denn er weiß: Mehr Netze bringen mehr Fische.
Folgen Sie dem Beispiel des Fischers: Mehr
Domains bringen mehr Traffic, damit auch mehr
Kontakte.

Früher listete Google in den Suchergebnissen oft
eine Domain mit zahlreichen Subdomains oder
URLs. Um mehr Vielfalt in den Suchergebnissen
durch das Listen unterschiedlicher Angeboten zu
schaffen, hat Google damit aufgehört.

Für Nutzer, insbesondere Firmen, lohnt es sich
daher mehr als je zuvor, nicht nur mit einer
Domain, sondern mit mehreren Domains im Netz
vertreten zu sein. Mit mehreren Domains steigt
die Chance von Google mit einer oder mehreren
Webseiten in den Suchmaschinen-Ergebnissen
gut gelistet zu werden

Den Zusammenhang zwischen einem besseren

Ranking in Suchmaschinen und den Neuen Top-Level-Domains hat eine Studie von Searchmetrics für die Berlin-Domains bereits erwiesen. Webseiten mit Berlin-Domains sind bei regionalen Suchanfragen in Google häufig besser platziert als Webseiten mit .de-Domains und .com-Domains. Das Ergebnis der Searchmetrics-Studie lässt sich so zusammenfassen:

"Bei 42% der Suchanfragen ranken .berlin-Domains lokal besser."

Da Koeln-Domains wie die Berlin-Domains auch City-Domains sind, düfte das Ergebnis im Falle der Koeln-Domains (und Cologne-Domains) ähnlich ausfallen.

Ein weitere Studie von Total Websites in Houston beweist diese Annahme.

Die Ergebnisse der Total Websites-Studie zeigen, dass die Erkenntisse von Searchmetrics prinzipiell auf alle Neuen Top-Level-Domains übertragbar sind, also auch auf die Koeln-Domains.

Total Websites stellt fest, dass Google die Domainendungen der Neuen Top-Level-Domains als wichtiges Kriterium für die Bewertung einer Domain heranzieht und kommt daher zu folgendem Schluss:

"Es ist klar, dass die Neuen Top-Level-Domains das Ranking in Suchmaschinen verbessern."

Ihre Webseite mit einer Koeln-Domain oder Cologne-Domain wird bei einschlägigen Anfragen nach Köln-Themen in Suchmaschinen besser bei den Suchergebnissen plaziert sein als mit anderen Domains.

Kapitel 1: Einführung

Koeln- und Cologne-Domains sind spezielle Domainnamen, die sich auf die Stadt Köln beziehen. Die Verwendung von Koeln- und Cologne-Domains kann Unternehmen dabei helfen, ihre Online-Präsenz zu stärken und ihre Marke zu fördern. In diesem Kapitel wird das Konzept der Koeln- und Cologne-Domains vorgestellt und erläutert, wie sie Unternehmen in Köln helfen können, ihre Online-Präsenz zu stärken und ihre Marke zu fördern.

Die Wahl des richtigen Domainnamens ist entscheidend für den Erfolg einer Website. Eine Koeln-Domain kann Unternehmen dabei helfen, sich als Teil der Kölner Identität zu positionieren und ihre Marke zu stärken. Durch die Verwendung einer Koeln-Domain kann ein Unternehmen seinen Kunden signalisieren, dass es in Köln ansässig ist und die Kölner Kultur und Identität unterstützt.

Eine Koeln-Domain kann auch dazu beitragen, dass eine Website bei den Suchmaschinen besser rankt. Da der Domainname einer der wichtigsten Ranking-Faktoren ist, kann eine Koeln-Domain dazu führen, dass eine Website bei den Suchmaschinen besser gefunden wird.

Auch eine Cologne-Domain hilft Unternehmen dabei, ihre Online-Präsenz zu stärken und ihre Marke zu fördern. Insbesondere Unternehmen, die auf internationalen Märkten tätig sind oder Kunden aus englischsprachigen Ländern ansprechen möchten, können von der Verwendung einer Cologne-Domain profitieren.

Eine Cologne-Domain kann dazu beitragen, dass eine Website bei englischsprachigen Suchanfragen besser rankt und weltweit Kunden anspricht.

Insgesamt bieten Koeln- und Cologne-Domains Unternehmen in Köln eine Vielzahl von Vorteilen. Sie ermöglichen, die Markenbekanntheit zu steigern, die Sichtbarkeit in den Suchmaschinen zu verbessern und die Präsenz auf internationalen Märkten zu stärken. In den folgenden Kapiteln werden diese Vorteile im Detail erläutert und konkrete Beispiele vorgestellt, wie Unternehmen von der Verwendung von Koeln- und Cologne-Domains profitieren können.

Kapitel 2: Warum Koeln-Domains?

Warum Koeln-Domains? Jedem ist die de-Domain bekannt. Eine Internetadresse mit einer de-Domain sieht aus wie zum Beispiel http://www.domainregistry.de. In Zukunft wird es Koeln-Domains geben. Die Internetadressen werden aussehen wie http://www.zoo.koeln.

Durch die Verwendung von Koeln-Domains werden wie in diesem Beispiel oben die Internet-Adressen oft kürzer. Kurze Domains sind merkfähiger. Die Merkfähigkeit der Domain einer Webseite ist ein Schlüsselelement für die erfolgreiche Vermarktung der Webseite.

Herr Müller von der neugegründete Firma Müller aus Koeln möchte sich eine attraktive Internetadresse sichern. Er schaut bei DENIC nach: mueller.de ist nicht mehr frei und auch müller.de ist nicht frei. Herr Müller ist flexibel: Er gibt auch mueller-gmbh.de, muellergmbh.de, müllergmbh.de und müller-gmbh.de ein. Alle Domains sind bereits belegt. Herr Müller sagt sich:"Dann nehme ich eben .com statt .de". Aber auch das bringt ihn nicht weiter. Bei .com sieht die Lage nicht besser aus.

Jetzt hat Herr Müller eine neue Chance:
Er kann mueller.Koeln
müller.Koeln
mueller-gmbh.Koeln
müller-gmbh.Koeln
registrieren lassen.

Jeder sieht spontan, daß seine Firma aus Koeln
kommt.

Wie man an diesen Beispielen sieht, sind auch
Domains mit Umlauten und Sonderzeichen bei
den Koeln-Domains und Cologne-Domains
möglich. Gut zu wissen für alle Privatpersonen
und Firmen, die Umlaute oder ß in ihrem Namen
führen. Aber auch wichtig für alle, die kölsche
Begriffe registrieren wollen. Bekanntermaßen
verwendet das Kölsch Umlaute sehr häufig.

Frau Bengtson von dem Teegroßhändler Bengtson
hat einen anderen Ansatz. Sie will folgende
Domains registrieren:
- tee.koeln
- teehandlung.koeln

- tee-handlung.koeln
- teehaendler.koeln
- tee-haendler.koeln
- tee-händler.koeln
- teehändler.koeln
- teegrosshaendler.koeln
- teegroßhändler.koeln
- tee-grosshaendler.koeln
- tee-großhändler.koeln

Jeder, der diese allgemeinen Begriffe im Internet sucht bzw. in den Browser eingibt, soll auf die Firma Bengtson stossen.

Ein guter Grund für die Einführung der neuen Domainendungen durch ICANN ist, daß der existierende Namensraum beschränkt ist. Viele Firmen können unter den bestehenden Domains sich keinen optimalen Namen suchen. Das führt dazu, daß sie auf ihren Webseiten weniger Besucher als möglich bekommen und weniger Umsatz machen. Volkswirtschaftlich gesehen entsteht also durch die bisherige Beschränkung auf wenige Domainendungen weniger Wirtschaftswachstum als möglich wäre.

Vor zehn Jahren hat eine Google-Suche in Bergen(Norwegen) zu den gleichen Ergebnissen geführt als eine Google-Suche in Melbourne (Australien). Das ist längst nicht mehr der Fall. Selbst die Ergebnisse einer Google-Such in Köln werden sich von den Ergebnissen einer Suche in Berlin unterscheiden.

Google und andere Suchmaschinen können die IP-Adressen, von dem eine Suchanfrage kommt, einem Land zuordnen und für dieses Land relevante Ergebnisse auswerfen. Google und andere Suchmaschinen setzten "Cookies" auf die Rechner der Nutzer. Diese "Plätzchen" sind kleine Spione, die den genauen Standort und die Interessen des Nutzers Google melden. Google wirft daher bei Anfragen für den Gemüsehändler aus Kiel inzwischen anderen Ergebnisse aus als für den Metzger in München.

Suchmaschinen arbeiten beim Ranking mit Schlüsselwörter. Bisher waren die Schlüsselwörter nur links vom Punkt in der Domain. Mit der Einführung der neuen Domainendungen sind die Schlüsselwörte auch rechts vom Punkt. Das hat zur Folge: Bei Anfragen

in Koeln zu lokalen Themen werden gute
Webseiten mit Koeln-Domains vor Webseiten mit
De-Domains liegen. Dies gibt Inhabern von Koeln-
Domains einen klaren Wettbewerbsvorteil.

Die Betreiber einer Webseite mit Koeln-Domain
können eine Webseite so strukturieren, daß die
zurückgegeben Informationen mit Hinblick auf
lokale Schwerpunkte Zusatzinformationen
enthalten, die auf der nationalen Webseite nicht zu
finden sind, wie z.B. Kontaktdaten,
Veranstaltungen mit lokalem/regionalem Bezug,
Public Relations usw.

Was sind die Zielgruppen der Koeln-Domains?

- Unternehmen aus Koeln, die "Made in
  Koeln" intuitiv vermitteln wollen
- Behörden aus Koeln, die eine kurze
  Internet-Adresse wünschen
- Firmen mit einem Schwerpunkt in Koeln,
  sei es eine Niederlassung oder ein großer
  Marktanteil.
- Privatpersonen aus Koeln, die stolz auf ihre
  Stadt sind und das auch ihre Umwelt
  wissen lassen wollen

- Die Cologne-Domains sind unter anderem
  für Kölner Firmen gedacht, die den Namen
  Kölns in die Welt hinaustragen und für
  internationale Firmen, die in Köln aktiv sind.

Unser Tip: Bevor man es nachher z.B. wegen
"Domaindieben" bereut: Am besten seinen Namen
sofort sowohl unter .koeln als auch unter .cologne
registrieren.

Bei stetig steigender Informationsmenge ist die
lokale Präsenz im Internet von steigender
Bedeutung. Der Verkauf der Produkte und
Serviceleistungen findet zum großen Teil vor Ort
statt.

Hans-Peter Oswald von domainregistry.de:" Wer
als Firma in Koeln tätig ist, sollte das zeigen, weil
viele Käufer 'buy local' praktizieren und weil bei
lokalen Suchanfragen in Google und anderen
Suchmaschinen über Themen aus dem Koeln eine
Webseite mit .Koeln vor .de oder .com liegen
wird, falls die Webseite guten Inhalt bietet."
Der in Koeln beheimatete ICANN-Registrar Secura
bietet Kölnern an, bereits jetzt ihre Namen und

Begriffe unter der Koeln-domain vorzuregistrieren:
Die Koeln-Domain von Kölnern für Kölner.

 Hans-Peter Oswald von domainregistry.de
erläutert:

*"Es ist Zeit, jetzt zu handeln. 'Et hät noch emmer
joot jejange.' gilt bei Domains nicht.
Wie wir wissen, gibt es dafür Gegenbeispiele. Für
den, der sich zu spät regt, gilt: 'Wat fott es, es
fott.' "*

Kapitel 3: Warum Kölner Unternehmen Köln-Domains und Cologne-Domains registrieren sollten

In diesem Kapitel werden die Gründe erläutert, warum Unternehmen in Köln Koeln-Domains verwenden sollten.

Köln ist eine lebendige Stadt mit einer reichen Geschichte und einer dynamischen Wirtschaft. Als viertgrößte Stadt Deutschlands ist sie ein wichtiger Standort für Unternehmen und ein wichtiger Knotenpunkt in Europa. Kölner Unternehmen können von einer starken Online-Präsenz profitieren, um ihre Sichtbarkeit und Reichweite zu erhöhen. Eine Möglichkeit, dies zu erreichen, ist die Registrierung einer Koeln-Domain.

Eine Koeln-Domain ist eine Domain-Endung, die speziell für Unternehmen und Organisationen in Köln entwickelt wurde. Sie ist ein Symbol für die Verbundenheit mit der Stadt und bietet eine hervorragende Gelegenheit, sich als Teil der Kölner Gemeinschaft zu präsentieren. Kölner

Unternehmen, die eine Koeln-Domain registrieren, zeigen ihr Engagement für die Stadt und nutzen eine Domain-Endung, die ihre Identität als Teil des Kölner Wirtschaftslebens unterstreicht.

Eine Koeln-Domain kann dazu führen, dass eine Website bei den Suchmaschinen besser rankt, die lokale Identität stärken und das Vertrauen der Kunden erhöhen.

Im Folgenden werden diese Vorteile im Detail erläutert.

1. Besseres Ranking bei den Suchmaschinen

Der Domainname einer Website ist einer der wichtigsten Ranking-Faktoren bei den Suchmaschinen. Eine Koeln-Domain kann dazu führen, dass eine Website bei den Suchmaschinen besser gefunden wird. Wenn eine Website eine Koeln-Domain verwendet, signalisiert sie den Suchmaschinen, dass sie sich auf Köln und die Kölner Region konzentriert.

Wenn ein Unternehmen eine Koeln-Domain verwendet, kann es bestimmte Keywords und Suchbegriffe in der Domain-Adresse platzieren, die mit der Stadt Köln und den Produkten oder Dienstleistungen des Unternehmens in Verbindung stehen.

Dadurch wird die Wahrscheinlichkeit erhöht, dass die Website bei Suchanfragen mit Bezug auf Köln und die Kölner Region höher in den Suchergebnissen angezeigt wird.

2. Stärkung der lokalen Identität

Eine Koeln-Domain kann Unternehmen dabei helfen, sich als Teil der Kölner Identität zu positionieren und ihre lokale Identität zu stärken.

Durch die Verwendung einer Koeln-Domain kann ein Unternehmen eine Website erstellen, die sich auf die Stadt Köln und die Kölner Gemeinschaft konzentriert. Dies trägt dazu bei, das Engagement des Unternehmens für die Stadt und ihre Bewohner zu demonstrieren und eine Community von Kunden und Geschäftspartnern aufzubauen, die die Werte des Unternehmens teilen.

Durch die Verwendung einer Koeln-Domain signalisiert ein Unternehmen seinen Kunden, dass es in Köln ansässig ist und die Kölner Kultur und Identität unterstützt.

Eine Koeln-Domain trägt dazu bei, dass ein Unternehmen als lokal verankert wahrgenommen wird und dadurch das Vertrauen der Kunden erhöht.

3. Erhöhung des Kundenvertrauens

Die Verwendung einer Koeln-Domain erhöht das Vertrauen der Kunden in ein Unternehmen, weil lokale Unternehmen immer als vertrauenswürdiger und sympathischer erscheinen als „global players".

Wenn eine Website eine Koeln-Domain verwendet, signalisiert sie den Kunden, dass sie in Köln ansässig ist und sich auf die Kölner Region konzentriert. Dadurch wird das Vertrauen der Kunden erhöht, da sie davon ausgehen, dass das Unternehmen vor Ort präsent ist und dadurch besser auf ihre Bedürfnisse eingehen kann.

4. Schutz der Marke

Die Verwendung einer Koeln-Domain kann Unternehmen dabei helfen, ihre Marke zu schützen. Durch die Registrierung einer Koeln-Domain kann ein Unternehmen sicherstellen, dass kein anderer die Domain mit seinem Markennamen verwendet. Dadurch wird verhindert, dass andere Unternehmen die Marke des Unternehmens verwässern oder schlecht machen.

5. Möglichkeit zur Personalisierung

Eine Koeln-Domain bietet Unternehmen die Möglichkeit zur Personalisierung ihrer Website. Durch die Verwendung einer Koeln-Domain können Unternehmen eine Website erstellen, die sich auf die Kölner Region konzentriert und die lokale Identität des Unternehmens stärkt. Dadurch wird eine einzigartige Online-Präsenz geschaffen, die sich von anderen Unternehmen abhebt und Kunden anzieht.

Eine Cologne-Domain bietet ähnliche Vorteile wie eine Koeln-Domain. Durch die Verwendung einer Cologne-Domain kann ein Unternehmen seine Präsenz in englischsprachigen Märkten erweitern und weltweit Kunden erreichen. Diese Domain-Endung trägt dazu bei, das Engagement des Unternehmens für die Stadt Köln zu

demonstrieren und seine Einzigartigkeit und
seinen regionalen Fokus zu unterstreichen.

Eine Cologne-Domain bietet auch eine einzigartige
Gelegenheit, eine starke Online-Identität
aufzubauen und zu etablieren, insbesondere in
englischsprachigen Märkten. Durch die
Verwendung einer Cologne-Domain kann ein
Unternehmen eine Website erstellen, die auf die
Herkunft aus Köln verweist und dies Herkunft
auch in englischer Sprache bereits in der
Domainendung kommuniziert.

Dies kann dazu beitragen, eine Community von
Kunden und Geschäftspartnern aufzubauen, die
die Werte des Unternehmens teilen.

Insgesamt gibt es viele gute Gründe, warum
Kölner Unternehmen eine Koeln-Domain und/oder
Cologne-Domain registrieren sollten. Von der
Verbesserung der Sichtbarkeit in den
Suchmaschinen über die Stärkung des
Markenbewusstseins bis hin zur Etablierung einer
starken Online-Identität bietet sowohl eine Koeln-
Domain als auch eine Cologne-Domain eine
Vielzahl von Vorteilen für Unternehmen, die in
Köln ansässig sind.

Links:

http://www.domainregistry.de/koeln-domains.html

 http://www.domainregistry.de/cologne-domains.html

Kapitel 4: Wie Koeln-Domains funktionieren

Die Koeln-Domains sind eine einzigartige Möglichkeit für Unternehmen in Köln, ihre Online-Präsenz zu stärken und ihre Marke zu fördern.

Doch wie funktionieren Koeln-Domains eigentlich und was muss man bei ihrer Verwendung beachten?

Grundsätzlich funktionieren Koeln-Domains genauso wie jede andere Top-Level-Domain (TLD), also wie .de, .com, .org oder .net. Sie dienen dazu, eine merkfähige und kommunizierbare Adresse im Internet zu schaffen, unter der eine Website erreichbar ist. Die Endung .koeln signalisiert dabei, dass es sich um eine Seite mit Bezug zu Köln handelt.

Um eine Koeln-Domain zu registrieren, muss man sich zunächst an einen Registrar wie die Secura GmbH aus Köln (www.domainregistry.de) wenden. Dort kann man prüfen, ob die gewünschte Domain noch frei ist und diese dann gegen eine Gebühr registrieren lassen. In der Regel kann man die Domain für eine bestimmte Zeit, etwa ein oder zwei Jahre, nutzen, bevor sie erneut verlängert werden muss.

Bei der Verwendung einer Koeln-Domain gibt es allerdings ein paar Dinge zu beachten.

Zunächst einmal sollte man sicherstellen, dass die Domain zum eigenen Unternehmen und seiner Marke passt. Eine Domain wie z.B. www.ihre-firma-koeln.de trägt dazu bei, dass Kunden und Interessenten das Unternehmen mit der Stadt Köln assoziieren und sich so leichter an die Marke erinnern.

Darüber hinaus kann es sinnvoll sein, die Koeln-Domain in Verbindung mit anderen Online-Marketing-Maßnahmen zu nutzen. Eine Möglichkeit wäre beispielsweise, die Domain nicht nur als Adresse der Webseite, sondern auch als Email Adresse zu verwenden und zum Beispiel in der Signatur von E-Mails, in Flyern oder auf Visitenkarten auf die Koeln-Domain zu verweisen, um so die Aufmerksamkeit auf die Website zu lenken und den Traffic zu erhöhen.

Ein weiterer wichtiger Aspekt bei der Verwendung von Koeln-Domains ist das Thema Suchmaschinenoptimierung (SEO). Durch gezielte Optimierung der Website kann man sicherstellen, dass diese bei relevanten Suchanfragen in den Suchmaschinenergebnissen möglichst weit oben erscheint. Hierbei kann auch die Verwendung einer Koeln-Domain eine Rolle spielen, da Google und andere Suchmaschinen die Domain-Endung als Indiz dafür sehen, dass es sich um eine regionale Seite handelt.

Koeln-Domains sind eine gute Möglichkeit für Unternehmen in Köln, um ihre Online-Präsenz zu stärken und ihre Marke zu fördern. Indem man die Domain in Verbindung mit anderen Marketing-Maßnahmen nutzt und die Website gezielt optimiert, kann man die Sichtbarkeit und Reichweite im Internet erhöhen.

Kapitel 5: Warum Cologne-Domains verwenden?

Cologne-Domains sind eine besondere Art von Domain, die auf den englischen Begriff für Köln, "Cologne", verweisen. Diese Domain-Endung kann für Unternehmen in Köln und darüber hinaus von Vorteil sein, um ihre Online-Präsenz zu stärken und ihre Marke zu fördern. In diesem Kapitel werden wir die Vorteile von Cologne-Domains genauer betrachten.

1. Globale Sichtbarkeit

Eine der größten Vorteile von Cologne-Domains ist ihre globale Sichtbarkeit. Da "Cologne" der englische Begriff für Köln ist, können Unternehmen mit dieser Domain-Endung ihre Reichweite auf englischsprachige Zielgruppen ausweiten. Unternehmen, die sich auf den internationalen Markt konzentrieren, können durch die Verwendung von Cologne-Domains ihre Markenbekanntheit in englischsprachigen Ländern erhöhen. Die Verwendung von englischen Begriffen in Domain-Namen ist auch ein wichtiger Faktor bei der Suche nach englischen Keywords in Suchmaschinen.

2. Wiedererkennungswert

Cologne-Domains sind einprägsam und einfach zu merken. Unternehmen können durch die Verwendung von Cologne-Domains ihre Marke auf eine leicht verständliche und einprägsame Weise präsentieren. Der Name der Stadt "Cologne" ist weltweit bekannt und mit der Verwendung dieser Domain-Endung kann das Unternehmen von diesem Wiedererkennungswert profitieren.

3. SEO-Vorteile

Die Verwendung von Cologne-Domains kann auch Suchmaschinenoptimierung (SEO) Vorteile bringen. Suchmaschinen wie Google nutzen verschiedene Faktoren, um die Relevanz von Webseiten zu bewerten. Eine davon ist die Domain-Endung. Eine Cologne-Domain kann helfen, die Relevanz von Suchanfragen mit Bezug auf Köln und die englischsprachige Welt zu erhöhen. Zum Beispiel könnte eine Website mit dem Domain-Namen www.best-beer-in.cologne besser in den Suchergebnissen für englischsprachige Suchanfragen zu den besten Bieren in Köln ranken.

4. Schutz der Marke

Durch die Registrierung einer Cologne-Domain kann ein Unternehmen seine Marke und geistigen Eigentumsrechte schützen. Es ist möglich, dass andere Unternehmen oder Personen versuchen, eine Domain zu registrieren, die dem eigenen Markennamen gleicht, ähnlich ist oder diesen imitiert. Durch die Registrierung einer Cologne-Domain kann ein Unternehmen sicherstellen, dass es die vollständige Kontrolle über seinen Markennamen hat und verhindert, dass andere ihn unerlaubt nutzen.

5. Bessere Kundenbindung

Durch die Verwendung einer Cologne-Domain kann ein Unternehmen seine lokale Verbundenheit zeigen. Es kann signalisieren, dass es in Köln ansässig ist und somit das Vertrauen der internationalen Zielgruppe stärken. Dies trägt dazu bei, dass Kunden das Unternehmen als authentischer und vertrauenswürdiger wahrnehmen und somit besser an das Unternehmen gebunden werden.

Kapitel 6: Wie Cologne-Domains funktionieren

In Kapitel 6 geht es um die Funktionsweise von Cologne-Domains und wie sie Unternehmen in Köln helfen können, ihre Online-Präsenz zu stärken und ihre Marke zu fördern.

Eine Cologne-Domain ist eine Top-Level-Domain (TLD), die speziell für die Stadt Köln und ihre Einwohner entwickelt wurde. Diese TLD bietet Unternehmen, Organisationen und Einzelpersonen, die in Köln ansässig sind, eine einzigartige Möglichkeit, ihre Online-Präsenz zu stärken und ihre lokale Präsenz zu betonen.

Im Gegensatz zu Koeln-Domains, die sich ausschließlich auf die Schreibweise des Stadtnamens in deutscher Sprache beziehen, verwendet die Cologne-Domain die englische Schreibweise "Cologne", die weltweit bekannt ist. Dadurch kann die Domain auch international genutzt werden, was insbesondere für Unternehmen von Vorteil ist, die in einem globalen Markt agieren.

Wie bei jeder anderen Domain-Registrierung müssen Unternehmen und Organisationen, die eine Cologne-Domain registrieren möchten, dies bei einem zugelassenen Registrar tun. Dabei wird die Verfügbarkeit der gewünschten Domain überprüft und eine Registrierungsgebühr erhoben.

Die Verwendung einer Cologne-Domain kann eine Vielzahl von Vorteilen bieten, darunter:

1. Lokale Präsenz betonen: Mit einer Cologne-Domain können Unternehmen und Organisationen ihre lokale Herkunft betonen und zeigen, dass sie in Köln ansässig sind.
2. Internationale Reichweite: Durch die Verwendung der englischen Schreibweise "Cologne" kann die Domain auch international genutzt werden, was insbesondere für Unternehmen von Vorteil ist, die in einem globalen Markt agieren.
3. Bessere Suchmaschinenoptimierung: Eine Cologne-Domain trägt, dass die Webseite eines Unternehmens bei Suchanfragen relevanter erscheint. Dies liegt daran, dass Suchmaschinen wie Google lokale Domains bevorzugen und diese oft höher bewerten als allgemeine Domains.

4. Hohe Merkfähigkeit: Die Verwendung einer prägnanten und einprägsamen Domain führt dazu, dass Kunden und Interessenten sich leichter an die Webseite erinnern und diese einfacher und schneller wiederfinden.

5. Markenbildung: Durch die Verwendung einer Cologne-Domain kann ein Unternehmen seine Marke stärken und ein einheitliches Branding schaffen, das seinen Namen und seine Positionierung betont.

Insgesamt bietet die Verwendung einer Cologne-Domain Unternehmen und Organisationen in Köln eine effektive Möglichkeit, ihre Online-Präsenz zu stärken, ihre lokale Präsenz zu betonen und ihre Marke zu fördern.

Kapitel 7: Wie man die Verwendung von Koeln- und Cologne-Domains optimieren kann

Wenn Sie sich dafür entschieden haben, Koeln- oder Cologne-Domains zu verwenden, um Ihre Online-Präsenz zu stärken, gibt es einige Schritte, die Sie unternehmen können, um die Verwendung dieser Domains zu optimieren und ihre Auswirkungen auf Ihr Unternehmen zu maximieren. Hier sind einige Tipps, die Sie berücksichtigen sollten:

1. Integrieren Sie Ihre Domains in Ihre Marketingstrategie

Die Verwendung von Koeln- und Cologne-Domains sollte Teil Ihrer allgemeinen Marketingstrategie sein. Verwenden Sie Ihre Koeln-Domain und Cologne-Domain in Social-Media-Kampagnen, auf gedrucktem Werbematerial und in anderen Formen der Werbung. Wenn Sie Ihre Domains in der Werbung prominent präsentieren, kann dies dazu beitragen, das Bewusstsein für Ihre Marke zu steigern und mehr Traffic auf Ihre Website zu lenken.

2. Erstellen Sie zielgerichtete Inhalte

Eine effektive Möglichkeit, um die Verwendung
von Koeln- und Cologne-Domains zu optimieren,
besteht darin, Inhalte zu erstellen, die auf Ihre
Zielgruppe zugeschnitten sind. Erstellen Sie
beispielsweise Inhalte, die speziell auf Ihre
Kunden in Köln zugeschnitten sind. Dies kann
dazu beitragen, dass Ihre Inhalte besser von Ihrer
Zielgruppe wahrgenommen werden und Sie mehr
Traffic auf Ihre Website erhalten.

3. Nutzen Sie lokale
    Suchmaschinenoptimierung

Lokale Suchmaschinenoptimierung (SEO) kann
dazu beitragen, dass Ihre Website bei lokalen
Suchanfragen besser sichtbar ist. Wenn Sie
beispielsweise ein Restaurant in Köln betreiben
und eine Koeln-Domain verwenden, können Sie
sicherstellen, dass Ihre Website bei Suchanfragen
wie "Restaurants in Köln" oder "beste Restaurants
in Köln" erscheint. Dies ermöglich, dass
potenzielle Kunden Ihre Website finden und Ihr
Restaurant besuchen.

4. Verwenden Sie Ihre Koeln-Domain als
    Email-Adresse

Verwenden Sie Ihre Koeln- und Cologne-Domains
als Email Adresse in der E-Mail-Kommunikation
mit Kunden und potenziellen Kunden. Dies kann
dazu beitragen, das Bewusstsein für Ihre Marke zu
steigern und den Traffic auf Ihre Website zu
erhöhen.

5. Erstellen Sie eine für mobile Geräte
    optimierte Website

Da immer mehr Menschen ihre Mobilgeräte
verwenden, um auf das Internet zuzugreifen, ist es
wichtig, sicherzustellen, dass Ihre Website für
mobile Geräte optimiert ist. Stellen Sie sicher,
dass Ihre Website schnell lädt und dass Ihre
Inhalte gut lesbar sind. Wenn Ihre Website mobil
optimiert ist, können Sie sicherstellen, dass Sie
potenzielle Kunden erreichen, die auf ihren
Mobilgeräten nach Ihren Produkten oder
Dienstleistungen suchen.

6. Verwenden Sie Ihre Domains auf eine
   kreative Art und Weise

Um das Bewusstsein für Ihre Marke zu steigern
und den Traffic auf Ihre Website zu erhöhen,
sollten Sie Ihre Koeln- und Cologne-Domains auf
kreative Weise verwenden. Erstellen Sie
beispielsweise virale Kampagnen oder verwenden
Sie Ihre Domains in Wettbewerben oder Aktionen,
um Kunden anzulocken.

Kapitel 8: Das Internet spricht kölsch

Der Sachse sagte: "Ja nü freilisch is äs Sächsisch klosse!"

 Nur für den Kölner war kein Dialekt übrig. Der Kölner wurde ganz traurig.
 Das ging dem Herrn ans Herz. Er legte den Arm um die Schulter des Kölners und sprach zu ihm:
 "Na jut, Jung! Dann sprichst du halt esu wie ich."

 Wikipedia gibt es auch auf Kölsch (http://ksh.wikipedia.org/wiki/Wikipedia:Houpsigk). Um genauer zu sein: auf ripuarisch. Was ist ripuarisch? "Ripuarisch wird in über 100 Dialekten im weiteren Umkreis von Aachen, Bonn, Köln, Düsseldorf, in Belgien, den Niederlanden und im deutschen Rheinland von etwa einer Million Menschen gesprochen."

Das Kölsche Wikipedia ist allerdings noch ausbaufähig. Unter dem Buchstaben "D" findet man 17 Themen.

Sprach- und sachkundige Mitarbeiter werden
daher gesucht:

*"Metmaache kann he jede, dä ein vun uns
ripoarische Sproche kann, dä Loss am Schrieve
hät, un weiß, wie mer för e Nohkixel schrieve deit.
Wanns De metmaache wells, kanns De Dich
aanmelde unn et och blieve losse. Bei de Hülp kiss
De verzallt wie et jeit. Om Spillplatz un dä
Spillwiss künnd Er unjstührt eröm probeere, un
erussfinge, wie mer et määt.*

*Also, nix wie raan an et Schrieve, un denk emmer
draan:*

*Et es wie et es ! Et kütt wie et kütt ! Un et hätt
noch emmer joot jejange!*

*. . . denn kapott maache kanns De nix, et kütt nix
fott un mer kann emmer widder holle, wat vürher
ens jespeichert woo."*

Die Domstadt wird zur Domainstadt. Die Koeln-
Domains und Cologne-Domains sind parallel
registrierbar.

Die Koeln-Domains sind optimal für
Domainnamen auf kölsch. Das Kölsch kennt mehr
Wörter mit Umlauten als das Hochdeutsche. Gut
zu wissen, daß man die Koeln-Domains ab Start
mit den Umlauten ä, ö und ü registrieren darf.

Also: Feuer frei für die Liebhaber des Kölsch.

Auch für Domains mit Umlauten gilt: So früh als
möglich die gewünschte Domain registrieren.

Kapitel 9: Köln-Domains als Qualitätssiegel für „Made in Köln"

"Da simmer dabei! Dat is prima! Viva Colonia!"
 Aus Karnevalslied von "De Höhner"

Am 5. September 2014 startete die Live-Phase der Koeln-Domains und Cologne-Domains. Um genau zu sein: Um 11 Uhr 11. Man sieht an der Uhrzeit: Wenn Kölner Geschäfte machen, verlieren sie ihren- aus dem Karneval bekannten- Humor nicht.

 London hat eine eigene Domain, Berlin hat eine eigene Domain, Wien hat eine eigene Domain. Koeln übertrumpft diese Weltstädte: Koeln hat gleich zwei eigene Domains-Für den Hausgebrauch die Koeln-Domains und für die weite Welt die Cologne-Domains.

Wozu Cologne-Domains? Köln ist die heimliche Hauptstadt von Weltmarktführer. Viele mittelständische Firmen aus Köln sind in ihrem Marktsegment führend auf dem Weltmarkt.

Nennen wir nur drei Beispiele:

1. Schwank Gas-Infrarotheizungen:
Weltmarktführer für Heizungen von Fabrikhallen
und Betrieben
2. GS1 Germany GmbH: Den Barcode haben nicht
die Schweizer, sondern hat diese Firma aus Köln
erfunden.
3.Interseroh: Der Spezialist für Müll. Business-
on.de schreibt, Interseroh "macht 'Gold aus Mist'
bzw. wertvolle Rohstoffe aus Müll."

Genauso wie "Made in Germany" ein
Qualitätssiegel ist, ist "Made in Cologne" ebenfalls
ein Qualitätssiegel.

"Made in Köln" drückt man als international tätige
Firma im Internet am besten mit einer Domain
unter .cologne aus, weil die Welt Köln unter
Cologne kennt.

Was Dirk Krischenowski über die Neuen Top Level
Domains sagt, gilt auch für
.cologne und .koeln:

*"Die Domains sind sprechend, nicht nur
kryptische Abkürzungen wie .org oder .com."*

Wer einen Namen unter .cologne registriert, vermittelt den Adressaten intuitiv, daß er, seine Dienstleistung oder Ware aus Köln stammt.

Die Herkunftsbezeichung .cologne ist selbstverständlich nicht nur für "eingeborene" Kölner Firmen interessant, sondern für alle Firmen, die in Koeln produzieren. Beispielsweise würde auch ford.cologne Sinn machen.

Die Domstadt wird zur Domainstadt. Das Internet spricht kölsch. Jeder kann mitreden-man muß nicht Kölner sein, um eine Koeln-Domain oder Cologne-Domain zu registrieren.

Hans-Peter Oswald von dem Kölner Registrar Secura: " Alle, die an .koeln geglaubt haben, sehen sich jetzt bestätigt. Die Koeln-Domains werden wegen der besonders intensiven Bindung der Kölner an Köln und der großen wirtschaftlichen Bedeutung der Rhein-Metropole ein großer Erfolg werden".

Mit Koeln-Domains kann sich die Koelner Wirtschaft besser vermarkten. Jeder kann den

Inhaber einer Koeln-Domain sofort mit Koeln in Zusammenhang bringen.

Zahlreiche domains haben das Wort "Koeln" als Bestandteil. Der Kölner Zoo könnte sich statt mit www.koelnerzoo.de mit der Domain zoo.Koeln im Internet darstellen. Die Präsentation mit der Koeln-Domain ist attraktiver und kürzer-damit auch merkfähiger. Die Merkfähigkeit einer Domain ist beim Marketing von Internetseiten ein entscheidender Faktor.

Kapitel 10: Die Domstadt wird zur Domain-Stadt
Oder: Koeln-Domains als City-Domains

Die neuen Top-Level-Domains mit Bezug auf
Städtenamen (z.B. .koeln, .berlin, .hamburg,
.wien, usw.) oder Regionen (.bayern,
.nrw,.ruhr,.saarland, .tirol, usw.) stärken die lokale
und regionale Präsenz der Marken und Produkte
eines Unternehmens.

Firmen sollten erwägen solche Domains zu
registrieren, wenn sie bedeutende
Niederlassungen oder Handelsschwerpunkte an
Orten haben, die jetzt als Geo-Domains, genauer
"City Domains", registrierbar sind. Oft haben
diese Metropolen und Regionen einen hohen
Anteil am Wirtschaftsvolumen des jeweiligen
Landes.

Bei stetig steigender Informationsmenge ist die
lokale Präsenz im Internet von steigender
Bedeutung. Der Verkauf der Produkte und
Serviceleistungen findet zum großen Teil vor Ort
statt.

Suchmaschinen werden bei der Verarbeitung von Suchanfragen auch Ergebnisse mit lokalem Bezug auswerfen -vor allem auch, weil der Benutzer seine aktuellen Standortdaten über IP-Adressen und Cookies zur Verfügung stellt. Google & Co. werden zukünftig auch lokale und regionale Domains stärker berücksichtigen als nationale oder internationale. Die Betreiber einer Webseite können eine Webseite über eine Geo-Domain so strukturieren, daß die zurückgegeben Informationen mit Hinblick auf lokale Schwerpunkte Zusatzinformationen enthalten, die auf der nationalen Webseite nicht zu finden sind, wie z.B. Kontaktdaten, Veranstaltungen mit lokalem/regionalem Bezug, Public Relations usw.

Den Zusammenhang zwischen einem besseren Ranking in Suchmaschinen und den Neuen Top-Level-Domains hat eine Studie von Searchmetrics für die Berlin-Domains bereits erwiesen. Webseiten mit Berlin-Domains sind bei regionalen Suchanfragen in Google häufig besser platziert als Webseiten mit .de-Domains und .com-Domains. Das Ergebnis der Searchmetric-Studie lässt sich wie folgt zusammenfassen:

"Bei 42% der Suchanfragen ranken .berlin-Domains lokal besser."

Eine weitere Studie von Total Websites in Houston zeigt, dass die Ergebnisse der Searchmetrics-Studie prinzipiell auf alle Neuen Top-Level-Domains übertragbar sind, also auch auf die anderen City-Domains. Total Websites stellt fest, dass Google die Domainendungen der Neuen Top-Level-Domains als wichtiges Kriterium für die Bewertung einer Domain heranzieht und kommt daher zu folgendem Schluss:

"Es ist klar, dass die Neuen Top-Level-Domains das Ranking in Suchmaschinen verbessern."

Hans-Peter Oswald von domainregistry.de:

"Wer eine Niederlassung in einer Stadt betreibt, die jetzt eine City-Domain erhält, sollte eine Registrierung prüfen."

Link:
https://www.domainregistry.de/koeln-domains.html

Kapitel 11: Wie Sie Ihre neue Koeln-Domain und Cologne-Domain nicht nutzen sollen

Wir gehen davon aus, dass wir Sie für eine Koeln-Domain begeistern konnten und dass Sie daraufhin eine Koeln-Domain registriert haben oder registrieren werden. Wir erklären Ihnen hier, was Sie mit Ihrer neuen Koeln-Domain nicht tun sollten.

Angenommen Ihre alte Webseite liegt seit Jahren auf einer De-Domain. Sie sollten auf keinen Fall Ihren bisherigen Domainnamen löschen. Sie verlieren dadurch im Ranking bei Google, weil Google auch das Alter der Domain berücksichtigt. Sie verlieren dadurch auch alle Backlinks, was zum unmittelbaren Verlust von Traffic führt. Außerdem sinkt das Ranking Ihrer Webseite bei Google, weil Google die Qualität und Anzahl der Backlinks beim Ranking berücksichtig.

Sie haben drei Optionen:
1. Sie leiten die neue Koeln-Domain auf Ihre alte Domain weiter.

2. Sie spiegeln Ihre Webseite unter der neuen
   Koeln-Domain. Webspace mit 10 GB und
   vielen Features erhalten Sie bei der ICANN
   Registrar Secura übrigens für unter 10
   EUR im Jahr.

Link:
https://www.domainregistry.de/webspace1.ht
ml

3. Sie bauen eine Portal-Seite unter der Koeln-
   Domain auf, die per Link zu Ihrer alten
   Domain führt.

Angenommen, Ihre Webseite besteht aus
einem allgemeinen Teil und einer Koeln-Seite.

Sie behalten Ihren alten Domainname für Ihre
Webseite.

Auch hier ergeben sich drei Optionen:

1. Sie leiten die neue Koeln-Domain auf die
   spezifische Subdomain oder die URL der
   Koeln-Seite weiter.

2. Sie spiegeln nicht Ihre ganze Domain,
   sondern nur Ihre Koeln-Seite unter der
   neuen Koeln-Domain.

Webspace mit 10 GB und vielen Features
erhalten Sie bei der ICANN Registrar Secura
übrigens für unter 10 EUR im Jahr.

Link:
https://www.domainregistry.de/webspace1.ht
ml

3. Sie bauen eine Portal-Seite unter der Koeln-
   Domain auf, die per Link zu der Koeln-Seite
   Ihrer alten Domain führt.

Was spricht dafür mehrere Domains zu
verwenden, darunter auch die Koeln-Domain?

Mehr Netze fangen mehr Fische....

Sie hatten vielleicht einmal Gelegenheit im Urlaub
einen traditionellen Fischer zu beobachten. Er
wirft nicht nur ein Netz aus, sondern mehrere.
Denn er weiß: Mehr Netze bringen mehr Fische.
Folgen Sie dem Beispiel des Fischers: Mehr

Domains bringen mehr Traffic, damit auch mehr Kontakte.

Früher listete Google in den Suchergebnisse oft eine Domain mit zahlreichen Subdomains oder URLs. Um mehr Vielfalt in den Suchergebnissen durch das Listen unterschiedlicher Angeboten zu schaffen, hat Google damit aufgehört.

Für Nutzer, insbesondere Firmen, lohnt es sich daher mehr als je zuvor, nicht nur mit einer Domain, sondern mit mehreren Domains im Netz vertreten zu sein. Mit mehreren Domains steigt die Chance von Google mit einer oder mehreren Webseiten in den Suchmaschinen-Ergebnissen gut gelistet zu werden

Kapitel 12: Dat Internet wed kölsch....

London hät en eigene Domain, Berlin hät en eigene Domain, Wien hät en eigene Domain. Koeln übertrumpft de Weltstädte. Koeln hät direktemang zwei eigene Domains: För d'r Hausgebrauch de Koeln-Domains un för de Wickde Welt de Cologne-Domains.

Dat Internet wed kölsch....

De Domstadt wed zor Domainstadt. Dat Internet sprich Kölsch. Mallich kann mitreden mer muß nit Kölsche sie, öm en Koeln-Domain oder Cologne-Domain ze registrieren.

Met Koeln-Domains kann sich de Koelner Weetschaff nötzer vermarkten. Mallich kann d'r Inhaber ener Koeln Domain jlich met Koeln en Zusammenhang bränge. Zahlreiche domains han dat Wood Koeln als Bestandteil. D'r Kölsche Zoo künnt sich statt met www.koelnerzoo.de met d'r Domain zoo.koeln em Internet darstellen. De Präsentation met d'r Koeln Domain es attraktiver un kürzer domet och merkfähiger. De

Merkfähigkeit ener Domain es beim Marketing vun
Internetseiten en entscheidender Faktor.
Woröm Koeln-Domains? Jedem es de de-Domain
bekannt. En Internetadresse met ener de Domain
sueht us wie zom Beispiel http
www.domainregistry.de. De Koeln-Domain sueht
us wie http//: www.zoo.koeln.

Här Müller vun d'r neugegründete Firma Müller us
Koeln möch sich en attraktive Internetadresse
sechere. Hä luurt bei DENIC noh mueller.de es nit
mieh quick un och müller.de es nit quick. Här
Müller es flexibel: Hä jit och mueller gmbh. de,
muellergmbh. de, müllergmbh. de un müller
gmbh. de en. All Domains sein allt belaht. Här
Müller sät sich Dann nehme ich effe. com statt.
de. Ävver och dat brengk en nit wigger. Bei. com
sueht de Kundizion nit nötzer us.

Jetz hät Här Müller en neue Chance Hä kann
- mueller. Koeln
- müller. Koeln
- mueller-gmbh.koeln
- müllergmbh. Koel

registrieren loße.

Mallich sueht spontan, dat sing Firma us Koeln
kütt.

Wie mer ahn diesen Beispielen sueht, sein och
Domains met Umlauten un Sonderzeichen bei d'r
Koeln Domains un Cologne Domains müjjelich.
Jot ze wesse för all Privatpersonen un Firmen, de
Umlaute oder ß en ihrem Namen föhre. Ävver och
wichtig för all, de kölsche Begriffe registrieren
welle. Bekanntermaßen verwendet dat Kölsch
Umlaute ärch häufig.

Wiev Bengtson vun däm Teegroßhändler
Bengtson hät ein anderen Ansatz. Se well folgende
Domains registrieren tee. Koeln teehandlung.
Koeln tee handlung. Koeln teehaendler. Koeln tee
haendler. Koeln tee händler. Koeln teehändler.
Koeln teegrosshaendler. Koeln teegroßhändler.
Koeln tee grosshaendler. Koeln tee großhändler.
Koeln

Mallich, d'r de allgemeinen Begriffe em Internet
sucht bzw. en d'r Browser eingibt, soll op de
Firma Bengtson stossen.

En jode Grund för de Einführung d'r neuen
Domainendungen dürch ICANN es, dat d'r
existierende Namensraum borneet es. Viele
Firmen könnnen unger d'r bestehenden Domains
sich keine optimalen Namen söke. Dat führt dozo,
dat se op ihren Webseiten weniger Besucher als
müjjelich krijje un weniger Umsatz maache.
Volkswirtschaftlich jesenn entsteht esu dürch de
bisherige Beschränkung op wenige
Domainendungen weniger Wirtschaftswachstum
als müjjelich wör.

Vör zehn Johre hät en Google Suche en Bergen
Norwegen ze d'r jliche Ergebnissen geführt als en
Google Suche en Melbourne Australien. Dat es
längs nit mieh d'r Kases. Selvs de Ergebnisse ener
Google Such en Colonia wäde sich vun d'r
Ergebnissen ener Suche en Berlin unterscheiden.

Google un andere Suchmaschinen künn de IP
Adressen, vun däm en Suchanfrage kütt, enem
Land zuordnen un för dieses Land relevante
Ergebnisse auswerfen. Google un andere
Suchmaschinen setzten Cookies op de Rechner
d'r Nutzer. De Plätzchen sein kleene Spijone, de
d'r genauen Standort un de Interessen des

Nutzers Google melden. Google wirft derher bei Anfragen för d'r Gemüsehändler us Kiel inzwischen anderen Ergebnisse us als för d'r Fleischhäuer en München.

Suchmaschinen arbeide beim Ranking met Schlüsselwörter. Bisher wohren de Schlüsselwörter nur schäl vum Tippel en d'r Domain. Met d'r Einführung d'r neuen Domainendungen sein de Schlüsselwörte och räächs vum Tippel. Dat hät zor Folge Bei Anfragen en Koeln ze lokalen Themen wäde jode Webseiten met Koeln Domains vör Webseiten met De Domains lijje. Dat jit Inhabern vun Koeln Domains ein klaren Wettbewerbsvorteil.

De Betreiber ener Webseite met Koeln Domain künn en Webseite esu strukturieren, dat de zurückgegeben Informationen met Hinblick op lokale Schwerpunkte Zusatzinformationen enthalten, de op d'r nationalen Webseite nit ze finge sein, wie z. B. Kontaktdaten, Veranstaltungen met lokalem regionalem Bezug, Public Relations usw.
Wat sein de Zielgruppen d'r Koeln Domains?

1. Unternehmen us Koeln, de Made en Koeln
intuitiv vermeddele welle
2. Behörden us Koeln, de en koote Internet Adress
wünsche
3. Firmen met enem Schwerpunkt en Koeln, sei et
en Niederlassung oder en großer Marktanteil.
4. Privatpersonen us Koeln, de stolz op ihre Stadt
sein un dat och ihre Umwelt wesse loße welle 5.
De Cologne Domains sein unger anderem för
Kölsche Firmen jedach, de d'r Namen Kölns en de
Welt hinaustragen un för internationale Firmen, de
en Colonia aktiv sein.

Uns Tip Bevör mer et nachher z. B. wegen
Domaindieben beraut Am existeere seinen Namen
jlich sowohl unger. koeln als och unger. cologne
registrieren.

Bei stetig steigender Informationsmenge es de
lokale Präsenz em Internet vun steigender
Bedücknis. D'r Verkauf d'r Produkte un
Serviceleistungen findet zom großen Teil vör Öder
statt.

Wä als Firma en Koeln tätig es, sullt dat Rieser,
weil viele Käufer 'buy local' praktizeere un weil bei
lokalen Suchanfragen en Google un anderen
Suchmaschinen üvver Themen us däm Koeln en
Webseite met. Koeln vör. de oder. com lijje wed,
falls de Webseite jode Inhalt bietet.

Et es Zick, jetz ze ajeere. 'Et hät noch emmer joot
jejange. 'Wie m'r wesse, jit et doför
Gegenbeispiele. För d'r, d'r sich ze spät regt, gilt
'Wat fott et, et fott. '

Links:

http://www.domainregistry.de/koeln-
domains.html

 http://www.domainregistry.de/cologne-
domains.html

P.S.: Der Text wurde automatisiert mit Hilfe von
mingsprooch.de ins Kölsch übertragen. Das ist
natürlich nicht immer perfekt. Wer sich dafür

interessiert, sollte https://mingsprooch.de/ besuchen.

Kapitel 13: Die Zukunft von Koeln- und Cologne-Domains

In diesem Kapitel geht es um die Zukunft von Koeln- und Cologne-Domains. Hier werden die Chancen und Herausforderungen diskutiert, die mit der Verwendung dieser Domains einhergehen, und es werden mögliche Trends und Entwicklungen in der Zukunft vorgestellt.

Die Verwendung von Koeln- und Cologne-Domains ist in den letzten Jahren immer beliebter geworden, insbesondere unter Unternehmen und Organisationen mit Sitz in Köln. Diese Domains bieten eine großartige Möglichkeit, ihre Online-Präsenz zu stärken und ihre Marke zu fördern.

Wie sieht jedoch die Zukunft von Koeln- und Cologne-Domains aus? Welche Chancen und Herausforderungen gibt es, und welche Trends werden voraussichtlich in den kommenden Jahren zu beobachten sein?

Eine der größten Chancen für die Verwendung von Koeln- und Cologne-Domains besteht darin, dass sie es Unternehmen und Organisationen ermöglichen, sich in einer zunehmend

globalisierten Welt zu differenzieren. Durch die
Verwendung von lokalen Domains können sie
zeigen, dass sie fest in der Kölner Community
verankert sind und ihre Wurzeln dort haben. Dies
kann das Vertrauen der Kunden stärken und dazu
beitragen, dass sie sich von globalen Marken
abheben.

Ein weiterer Trend, der in den kommenden Jahren
zu beobachten sein wird, ist die steigende
Bedeutung von regionaler
Suchmaschinenoptimierung (SEO). Immer mehr
Verbraucher nutzen lokale Suchbegriffe, um nach
Produkten und Dienstleistungen in ihrer Region zu
suchen. Durch die Verwendung von Koeln- und
Cologne-Domains können Unternehmen und
Organisationen ihre lokale SEO verbessern und so
besser auf lokalen Suchergebnisseiten gefunden
werden.

Allerdings gibt es auch einige Herausforderungen
im Zusammenhang mit der Verwendung von
Koeln- und Cologne-Domains. Eine davon ist,
dass es immer schwieriger wird, kurze und
prägnante Domainnamen zu finden, insbesondere
wenn es um generische Namen geht. Viele der
besten Domainnamen wurden bereits registriert,

was es schwieriger macht, einen passenden Domainnamen zu finden.

Eine weitere Herausforderung besteht darin, dass die Verwendung von Koeln- und Cologne-Domains möglicherweise nicht für alle Unternehmen und Organisationen geeignet ist. Unternehmen, die hauptsächlich auf nationaler oder internationaler Ebene tätig sind, können möglicherweise nicht von der Verwendung dieser Domains profitieren und sollten stattdessen auf De-Domains oder com-Domains zurückgreifen.

Trotz dieser Herausforderungen gibt es jedoch viele Gründe, warum die Verwendung von Koeln- und Cologne-Domains auch in Zukunft eine wichtige Rolle spielen wird. Durch die Verwendung dieser Domains können Unternehmen und Organisationen ihre lokale Präsenz stärken, ihre Marke fördern und besser auf lokalen Suchergebnisseiten gefunden werden.

Kapitel 14: Zusammenfassung und Fazit

Das letzte Kapitel fasst die wichtigsten Erkenntnisse aus dem Buch zusammen und gibt einen Ausblick darauf, wie Unternehmen von der Verwendung von Koeln- und Cologne-Domains profitieren können. Dabei werden auch mögliche Risiken und Nachteile diskutiert und ein Fazit gezogen.

Zusammenfassend lässt sich sagen, dass Koeln- und Cologne-Domains eine großartige Möglichkeit für Unternehmen in Köln darstellen, ihre Online-Präsenz zu stärken und ihre Markenbekanntheit zu fördern. Indem sie eine lokale Top-Level-Domain verwenden, können sie das Vertrauen der Verbraucher gewinnen und ihre Relevanz in den Suchmaschinen erhöhen.

Darüber hinaus können Koeln- und Cologne-Domains Unternehmen helfen, sich von der Konkurrenz abzuheben und ihre Identität als Kölner Unternehmen zu betonen. Dies kann insbesondere für kleine und mittelständische Unternehmen von Vorteil sein, die in einem wettbewerbsintensiven Markt tätig sind.

Allerdings kann es auch Probleme bei der Registrierung von Koeln- und Cologne-Domains. Geben. Insbesondere kann es schwierig sein, eine passende Domain zu finden, falls nicht der Firmennamen, sondern ein allgemeiner Name gewählt. Die Berater der Secura GmbH (www.domainregistry.de) unterstützen die Kunden dabei, adäquate Lösungen zu finden.

Nichtsdestotrotz sind die Vorteile der Verwendung von Koeln- und Cologne-Domains trotz möglicher Probleme immens, und Unternehmen sollten diese Option auf jeden Fall in Betracht ziehen. Durch eine sorgfältige Planung und Umsetzung können Unternehmen ihre Online-Präsenz stärken, ihre Markenbekanntheit erhöhen und sich als lokale Unternehmen im Internet etablieren.

Die Zukunft von Koeln- und Cologne-Domains sieht vielversprechend aus. Da immer mehr Unternehmen den Wert dieser Domains erkennen, wird ihre Beliebtheit voraussichtlich weiter zunehmen. Auch die Einführung neuer Top-Level-Domains bietet neue Möglichkeiten für Unternehmen, ihre Online-Präsenz zu stärken.

Insgesamt lässt sich sagen, dass Koeln- und Cologne-Domains eine wichtige Rolle im Online-Marketing von Unternehmen in Köln spielen können. Wenn Unternehmen die Vorteile und Herausforderungen dieser Domains verstehen und sorgfältig planen, können sie ihre Online-Präsenz und ihr Geschäftspotenzial erheblich verbessern.

Impressum:
Bibliografische Information der Deutschen
Nationalbibliothek:
Die Deutsche Nationalbibliothek verzeichnet diese
Publikation in der Deutschen Nationalbibliografie;
detaillierte bibliografische Daten sind im Internet
über dnb.dnb.de abrufbar.

Herstellung und Verlag: BoD – Books on Demand,
Norderstedt

ISBN Nummer: 9783754343623